유다정

유다정 글
아이들의 지적 호기심을 채워 주기 위해, 올바른 지식을 재미있게 알려 주기 위해 늘 노력합니다. 2005년 창비 '좋은 어린이책' 기획 부문 대상을 받았습니다. 지은 책으로 『천둥새의 날갯짓이 바람이라고?』, 『붉은 뱀이 사계절을 만든다고?』, 『뱀이 하품할 때 지진이 난다고?』, 『발명, 신화를 만나다』, 『투발루에게 수영을 가르칠 걸 그랬어!』, 『세계와 반갑다고 안녕!』, 『난 한글에 홀딱 반했어!』 등 여러 권이 있습니다.

조은정 그림
대학에서 회화를 전공하고 다수의 전시회와 해외 레지던시를 거친 순수화가입니다. 『레나의 비밀일기』, 『나 좀 살려 주세요, 우리 형이 사춘기래요!』, 『엄마의 볼로네즈 소스는 참 쉽다』 등의 표지 그림으로 어린이책에 입문했으며, 그린 책으로는 『천둥새의 날갯짓이 바람이라고?』, 『붉은 뱀이 사계절을 만든다고?』, 『뱀이 하품할 때 지진이 난다고?』, 『해는 희고 불은 붉단다』가 있습니다.

세상은 왜 이렇게 생겼을까? 왜? 왜? 왜?
아이의 끝없는 호기심은 세상을 밝히는 등불이에요. – 유다정

똑똑박사 요정과 함께하는 두근두근 과학 여행. – 조은정

거인의 눈이 태양이라고?

유다정 글 | 조은정 그림 | 윤미연 감수

씨드북

뻥! 뻥!

겨울 지나 따스한 햇살 가득한 봄이 오면 밖에서 공놀이를 신나게 할 수 있어.

따뜻한 볕을 내려 주는 고마운 태양은 어떻게 태어났을까?

태양은 세상을 창조한 거인 반고 덕분에 태어났어.
반고는 세상이 뒤죽박죽일 때 알 속에서 오래도록 자다 깨어난 신이야.
반고가 깨어났더니 밝은 기운은 위로 올라가 하늘이 되고,
어두운 기운은 아래로 내려가 땅이 되었어.
"에구, 어렵게 떨어진 하늘과 땅이 또 붙어 버리면 큰일이야!"
이러면서 반고가 두 팔로 하늘을 받쳐 들었더니
하늘은 나날이 높아졌고, 반고의 키도 그만큼씩 커졌단다.

"아이고, 힘들어. 더는 못 버티겠어!"
결국 지친 반고가 땅으로 쿵! 쓰러졌는데, 어머나 세상에!
반고의 숨결은 바람이 되고, 목소리는 우레가 되고,
피는 강물이 되고, 머리카락과 수염은 별이 되고,
오른쪽 눈은 달이 되고, 왼쪽 눈은 태양이 되었단다.
그러니까 그 옛날 중국 사람들은 반고 덕분에
태양이 생겼다고 믿은 거야.

북아메리카 아즈텍 사람들은 생각이 달랐어.
그들은 알에서 나온 아기 신 덕분에 태양이 생겼다고 믿었거든.
옛날에 우주의 빛과 별을 다스리는 여신과 남신이 결혼해서
아기를 낳았는데, 그 아기가 돌칼이야.
"우리를 전혀 닮지 않았어. 이건 내 자식이 아니야!"
돌칼을 보고 실망한 여신이 아기를 우주에 집어 던졌어.
돌칼은 우주에 있는 별들과 부딪히며 불꽃을 일으켰고,
그 불꽃에서 새로운 신들이 생겨났단다.
"땅으로 내려가자!"
새로 생겨난 신들은 우주를 떠나 땅으로 내려왔어.
그런데 땅은 우주와 너무 멀어서 빛이 한 줄기도 들지 않는 거야.
신들은 땅속으로 들어가
어둠의 신이 가지고 있는 알을 하나 훔쳐 왔어.
"우리가 잘 보살피자!"
얼마 뒤 그 알에서 아기 신 둘이 태어났어.
아기 신들은 불꽃을 일으키며 쑥쑥 자라더니 하늘에 올라
한 명은 태양이 되고, 한 명은 달이 되었단다.

그런데 태양은 아기 신이 만든 것도 아니고, 반고가 만든 것도 아니야.
태양은 어마어마하게 오래전인 약 46억 년 전에
우주를 떠돌던 먼지나 가스들이 서로 끌어당겨 한 덩어리로 뭉쳐지면서 시작되었어.
이 덩어리는 점점 커져서 중심의 압력이 높아지고 뜨거워지더니
마침내 쾅! 폭발을 일으켜 타오르기 시작했단다.
태양은 이렇게 탄생한 거야.

태양은 우리가 사는 지구보다 아주아주 커다래.
크기만 큰 게 아니라 상상할 수 없을 정도로 뜨겁기도 해.
태양의 표면 온도는 섭씨 5800도나 되고
안으로 들어갈수록 더 뜨거워져서
중심 온도는 무려 섭씨 1500만 도나 되거든.
우린 섭씨 30도만 넘어도 더워서 죽을 것 같은데……
태양이 이렇게 뜨겁기 때문에
멀리 떨어진 지구에서도 태양의 열을 느낄 수 있는 거야.

별: 스스로 빛이나 열을 내는 천체.
행성: 별 주위를 돌고 있는 천체.
위성: 행성 주위를 돌고 있는 천체.
자전: 천체가 스스로 빙글빙글 도는 것.
공전: 한 천체가 다른 천체를 도는 것.

그런데 태양계가 뭔지 알아?
태양계는 태양과 태양을 중심으로 그 주위를 도는 것들을 말해.
지구를 포함한 행성 여덟 개와 달 같은 위성, 바윗덩어리인 소행성,
얼음과 먼지가 합쳐진 혜성을 통틀어 말하는 거야.
태양계에 대해 얼른 알고 싶다고?

태양과 가장 가까이 있는 행성이 뭔지 알아?
바로 지구보다 작은 수성이야.
수성은 태양과 가까워서 태양이 비치는 곳의 온도는 굉장히 높아.
섭씨 420도도 넘으니 사람이 가면 금세 바사삭 타 버릴 수도!

하지만 태양이 비치지 않는 곳의 온도는 아주 낮아.
영하 180도!
낮과 밤의 온도 차가 무려 섭씨 600도라니 겁난다. 겁나.
더 놀라운 것은 수성의 하루는 지구의 176일에 해당할 정도로 길어!
수성에서 해가 한 번 떴다가 지는 데
지구 시간으로 176일이나 걸린다는 얘기야.
그렇다고 이런 팻말을 만들면 절대로 안 돼!
"오래 놀고 싶은 사람은 수성으로 가시오!"
수성에는 물도 없고, 공기도 거의 없어서 사람이 살 수 없거든. 절대로!

태양계의 두 번째 행성은 지구와 가장 가까운 금성이야.
금성은 지구와 크기는 비슷하지만 환경은 아주 달라.
금성의 기온도 섭씨 400도가 훌쩍 넘어.
금성의 대기를 이루는 이산화탄소는
태양열을 흡수하는 능력이 뛰어나서
태양열이 밖으로 빠져나가지 못하게 막고 있거든.
이런 것이 바로 온실 효과!
그러니 생명이 살 수 있겠어? 절대 아니지!

금성의 두꺼운 이산화탄소 대기는 태양 빛을 잘 반사해서
금성을 반짝반짝 빛나게도 만들어.
그래서 찾으려고 마음만 먹으면 금성을 쉽게 찾을 수 있을 거야.
해가 꼴딱 지고 난 후에 서쪽 하늘에서 밝게 빛나거나
해가 뜨기 전 새벽에 동쪽 하늘에서 밝게 빛날 테니까.

세 번째로 만나 볼 행성은 바로 우리가 살고 있는 지구!

지구는 산소와 물이 풍부해서 생명체가 살기 딱 좋은 행성이야!

태양과 적당히 떨어져 있어서 너무 덥지도 않고 너무 춥지도 않지.

사람뿐 아니라 온갖 동물과 식물이 살고 있어서 가장 아름다운 곳!

있잖아, 지금까지 생명체가 살 수 있다고 알려진 행성은 지구뿐이야.

딱, 지구 하나!

어깨가 저절로 으쓱거려진다고? 뭐, 좋아.

참, 사람들이 추석이나 대보름날에 둥근 달을 보며 소원을 빌잖아.

그 달은 지구 주위를 빙글빙글 도는 위성이란다.

한 달에 한 바퀴씩 빙글!

지구 다음은 우주인이 살 것 같은 화성이야.

영화나 만화에 화성인들이 나오잖아.

화성의 환경이 지구와 비슷하기 때문에

화성에도 생명체가 살 거라 상상하는 거지.

화성은 지구보다 작지만 지구와 닮은 점이 많아.

화성에는 공기도 있고, 물도 있고, 사계절도 있거든.

비록 공기는 대부분 이산화탄소이고, 물은 꽁꽁 얼어 있지만 말이야.

그런데 실제로 화성에 생명체가 살고 있다고 주장하는 과학자들이 있어.

하지만 확실한 증거는 아직까지 찾지 못했지.

과학자들이 먼 미래에 인류를 화성에 이주시킬 계획을 하고 있는 거 알아?

그때가 언제쯤일지는 몰라.

혹시 너도 지구를 떠나 화성에 가서 살고 싶니?

지구형 행성: 지구처럼 단단한 돌이나 흙으로 이루어진 행성으로,
위성이 없거나 한두 개뿐이다. 수성, 금성, 지구, 화성이 지구형 행성이다.

화성 다음에 있는 건, 태양계에서 가장 크고 가장 무거운 목성!
목성은 화성처럼 딱딱한 땅이나 바위가 전혀 없어.
수소 가스와 헬륨 가스로 이루어진 행성이거든.
그러니 우주선을 타고 목성에 간다 해도 절대 착륙 불가!
망원경으로 목성을 보면 줄무늬와 함께 크고 붉은 점을 볼 수 있을 거야.
줄무늬는 구름이 강력한 바람을 따라 움직이는 것이고,
붉은 점은 대적반이라 하는데, 소용돌이치는 가스 폭풍이란다.

목성은 자식이 많아. 무슨 말이냐고?
목성을 도는 위성이 많다는 말이야.
지구에는 위성이 달 하나뿐인데, 목성의 위성은 수십 개!
이탈리아의 과학자 갈릴레오 갈릴레이가
발견해서 갈릴레오 위성이라 불리는 것만 네 개야.
이오, 유로파, 가니메데, 칼리스토! 이름이 너무 어렵지?
한국 과학자가 발견했으면 영이, 철이……. 이런 식으로 붙였을 텐데.

태양계의 여섯 번째 행성은 토성이야.
목성 다음으로 크고, 목성처럼 가스로 이루어진 행성이야.
캬아, 아름답다!
토성의 커다랗고 아름다운 고리를 보면 누구나 이렇게 감탄할 거야.
토성의 고리는 얼음덩어리와 먼지, 돌덩어리들인데, 토성을 빙글빙글 돌고 있지.
그런데 토성은 크기에 비해 아주 가벼워서 물에 넣으면 동동 뜰 거야.
토성을 물에 띄우고 싶다고?
하아, 지구보다 열 배나 큰데 그게 가능할까 몰라.

일곱 번째 행성은 푸른빛을 띠는 천왕성이야.
천왕성의 특징이 뭔지 알아? 옆으로 누워 도는 거야.
다른 행성은 옆으로 빙글빙글 돌면서 자전하는데, 천왕성은 위아래로 돌면서 자전하거든.
천왕성이 이렇게 자전하는 건 그 옛날 (언제인지는 절대로 묻지 마. 아무도 몰라!)
커다란 천체와 부딪친 충격으로 옆으로 기울어졌기 때문이래.
천왕성이 태양 주위를 한 바퀴 도는 데 걸리는 시간은 84년.
그러니까 천왕성의 1년은 지구의 84년이란 말씀!
1년은 행성이 태양 주위를 한 바퀴 도는 데 걸리는 시간이거든.
네가 천왕성에서 태어났다면 아직 한 살도 되지 않은 갓난쟁이에 불과해.

태양계 행성들의 자전 방향

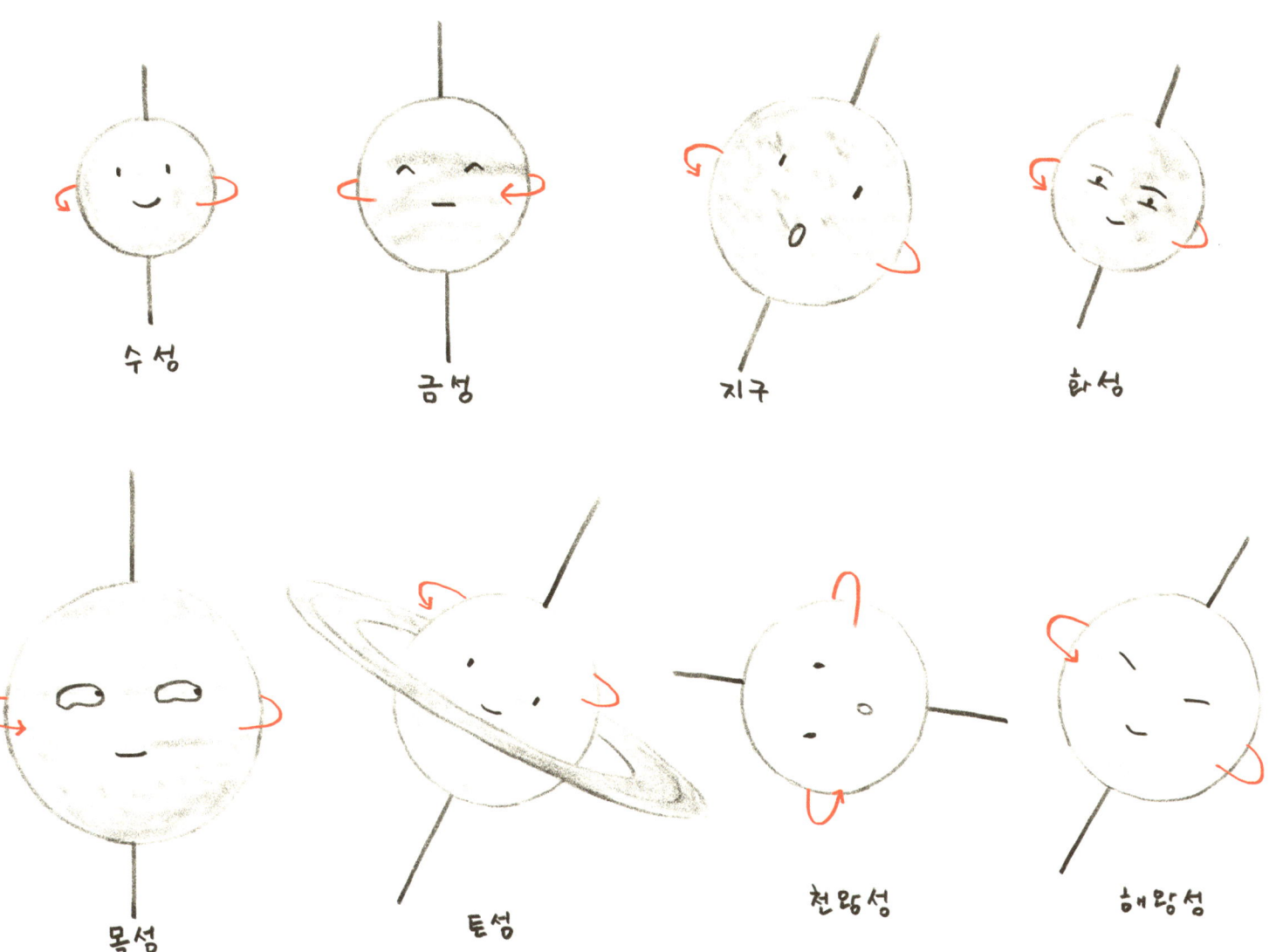

천왕성이 보고 싶다고?
눈이 아무리 좋은 사람이라도 맨눈으로 천왕성을 볼 수는 없어.
지구와 너무 멀리 떨어져 있으니까.
천왕성이 보고 싶으면 천문대로 가야 해!

태양계의 마지막 행성은 해왕성이야.
해왕성도 천왕성처럼 푸른빛을 띠고 있는데,
태양계에서 가장 빠른 태풍이 불고 있는 곳이기도 하지.
하지만 해왕성의 기상 현상은 변하기 때문에
태풍을 늘 관측할 수 있는 건 아니야.
해왕성의 1년은 천왕성보다 더 길어서 165년이나 된단다.
태양계에 있는 행성 여덟 개는 여기서 끝!

목성형 행성: 지구형 행성과 달리 수소나 헬륨 같은 가스로 이루어져 있고 위성이 많으며, 대부분 고리를 갖고 있다. 목성, 토성, 천왕성, 해왕성이 목성형 행성이다.

소행성을 뭐라고 했는지 혹시 기억나?
앞에서 바윗덩이라고 말했었어.
혜성도 알지? 얼음덩어리와 먼지가 합쳐진 것들이야.
소행성은 화성과 목성 사이에 가장 많아.
그래서 화성과 목성 사이를 소행성대라고 해.
셀 수 없이 많은 소행성들은 크기도 제각각이고, 모양도 제각각이야.
어느 것은 찌그러진 감자 같고, 어느 것은 둥글넓적 호떡 같고,
어느 것은 올록볼록 땅콩 같고……
이런 소행성도 태양 주위를 빙글빙글 돌아.

혜성도 소행성처럼 태양 주위를 빙글빙글 돌아.
"으악, 태양과 가까워진다. 우린 다 녹아 버릴 거야!"
혜성이 태양과 가까워지면 뜨거운 열 때문에 얼음이 증발해 긴 꼬리가 만들어져.
증발하는데 왜 없어지지 않느냐고? 똑똑한 질문인데!
얼음덩어리인 혜성은 태양열을 받으면 증발해서 사라지기도 하지만,
태양계 외곽의 혜성들이 끊임없이 태양계로 떨어지기 때문에
혜성은 계속 태양계에 존재하는 거란다.

태양은 아주 크고 태양계는 태양보다 더 더 더 커!
하지만 태양계도 우주의 일부분일 뿐이야.
그러니 우주가 얼마나 크겠어?
우주는 상상할 수 없을 정도로 커!
태양계의 신비, 우주의 신비는 아직도 밝혀지지 않은 것이 많아.
그래서 과학자들이 우주로 우주선을 보내는 거지.
우주는 도대체 어떤 곳일까?
너도 커서 우주의 비밀을 밝히는 과학자가 되는 건 어때?

거인의 눈이 태양이라고?

초판 인쇄 2017년 6월 23일
초판 발행 2017년 6월 23일

글쓴이 유다정
그린이 조은정
감수자 윤미연
펴낸이 남영하

편집 장미연 **디자인** 박규리 **마케팅** 주영상

종이 세종페이퍼 **인쇄** 미광원색사 **제본** 신안문화사

펴낸곳 ㈜씨드북 **등록** 제2012-000402호
주소 03997 서울시 마포구 월드컵로16길 52-23
전화 02) 739-1666 **팩스** 0303) 0947-4884
홈페이지 www.seedbook.kr **전자우편** seedbook009@naver.com
인스타그램 instagram.com/seedbook_publisher
페이스북 facebook.com/seedbook.kr **카카오스토리** story.kakao.com/seedbook

ISBN 979-11-6051-094-2 77450
       979-11-6051-079-9 (세트)

이 책은 저작권법에 따라 보호받는 저작물이므로 무단 전재와 무단 복제를 금지하며,
이 책 내용의 전부 또는 일부를 이용하려면 반드시 저작권자와 ㈜씨드북의 서면 동의를 받아야 합니다.

제품명: 거인의 눈이 태양이라고? | **제조자명:** ㈜씨드북
주소: 서울시 마포구 월드컵로16길 52-23 | **전화번호:** 02-739-1666
제조국명: 대한민국 | **제조년월:** 2017년 6월 | **사용연령:** 6세 이상

KC마크는 이 제품이 공통안전기준에 적합하였음을 의미합니다.
⚠주의: 종이에 베이지 않게 주의하세요.

책값은 뒤표지에 있습니다. 잘못 만들어진 책은 구입하신 서점에서 바꾸어 드립니다.

이 도서의 국립중앙도서관 출판예정도서목록(CIP)은 서지정보유통지원시스템 홈페이지(http://seoji.nl.go.kr)와
국가자료공동목록시스템(http://www.nl.go.kr/kolisnet)에서 이용하실 수 있습니다.
(CIP제어번호: CIP2017013137)

http://bit.ly/2jF0Jlv

SEED MAUM
㈜씨드북의 뉴스레터 SEED MAUM을 구독하시면 다양한 신간 정보와
독자 여러분을 위해 준비한 특별한 콘텐츠들을 받아 보실 수 있으며,
구독자만을 위한 각종 이벤트에도 참여하실 수 있습니다.

글 ⓒ 유다정 2017, 그림 ⓒ 조은정 2017